손끝으로 새기는 옛 시의 아름다운 문장들
쓰면서 채우는 마음 필사

한국 시 100

일러두기
• 의미를 정확하게 전달하고자 맞춤법 및 띄어쓰기는 원문의 의미를 해치지 않는 선에서 현재의 표기로 수정했습니다.
• 필사 책의 목적에 따라 일부 내용을 생략하고, 생략 부호(…)로 표기했습니다.
• 연과 행은 최대한 원문과 동일하게 유지했으나, 가독성을 높이고자 일부 원문과 다르게 배치했습니다.
• 단행본, 시집 등의 책 제목은 《》로, 신문, 잡지, 동인지 등은 〈〉로 표기했습니다.

손끝으로 새기는 옛 시의 아름다운 문장들
쓰면서 채우는 마음 필사

한국 시 100

서울문화사

여는 글

오래된 시의 덕성을 빌려

나태주 (시인)

　시는 언어로 표현하는 문학작품의 한 장르입니다. 그러나 다른 어떤 장르의 문학작품보다도 가장 예술에 가까운 글입니다. 그것은 시가 가장 짧고 간결한 형식 안에 가장 간절하고도 분명한 내용을 담아내는 글이기 때문에 그렇습니다.

　들기로는 프랑스의 초등학교 교육과정에는 '시'라는 과목이 따로 설정되어 있어서, 모든 학생들은 필수적으로 교과서에 제시된 시 작품을 읽고, 또 외우기까지 해야 한다고 합니다. 그렇게 어려서부터 시 공부를 하게 되면 생활의 말법이 달라지고 인격이 달라진다고 그럽니다.

　그건 우리나라의 경우에도 그렇습니다. 내가 존경하는 한국의 한 시인은 청소년 시기 유독 한용운 선생의 시를 좋아해서 스무 편 정도 외웠다고 그럽니다. 그랬더니 놀랍게도 자기가 쓰고 싶은 시가 저절로 써졌다고 그럽니다. 시 읽기의 승리이고 시 외우기의 승리입니다.

　그렇게 시 읽기가 중요한 것이고 시 외우기가 중요한 것이지요. 이렇게 시를 읽고 외우는 방법으로 가장 좋은 방법은 시를 필사해 보는 일입니다.

오늘날 좋은 시인이 된 사람치고 시를 읽고 외우고, 나아가 필사해 보지 않은 사람은 거의 없을 것이라 여겨집니다.

이 책에 담긴 시들은 거의 모든 작품이 오래전에 살다가 돌아간 시인들의 작품입니다. 말하자면 고전이 된 작품이라는 것이지요. 오늘날 독자들에게 읽혀 세상에 드러난 작품도 있고, 숨겨진 작품을 소환하여 마치 새로운 작품처럼 느껴지는 작품도 있습니다.

그렇지만 이 책의 모든 작품은 우리 시 문학사에서 본류를 보여주는 작품들이고 선구적인 작품들입니다. 이렇게 선구적인 작품에는 그 나름의 위엄이 있고 독창이 있고 고독한 깃발처럼 찬란하게 휘날리는 힘이 들어있게 마련입니다.

우선은 문학을 좋아하는 분들에게 권하고 싶은 책이기는 하지만 그보다도 문학을 잘 모르는 분들, 청소년들에게 권하고 싶은 책입니다. 한 편 한 편 시를 읽으면서 따라서 쓰다가 보면 자신도 모르는 사이 고전과 명작의 향기에 빠져들 것이고 그 작품의 아름다움이 자기 것으로 바뀌는 놀라운 경험을 하게 될 것입니다.

내가 자주 드리는 말씀이긴 하지만 시를 읽고 베끼는 일은 일거양득(一擧兩得)이 아니라 일석삼조(一石三鳥)의 효과가 있다는 것입니다. 우선 눈으로 읽으면서 한 번 읽고, 베끼면서 또 한 번 읽고, 소리 내어 읽을 때 자신의 귀로 듣게 되니까 또다시 읽게 되는 효과가 있다는 것입니다.

그리고 또 하나 지적하고 싶은 것은, 시 작품 텍스트의 정확성 문제입니다. 흔히 인터넷에 떠도는 시들을 보면 너무나 원작과 다른 표기나 오류에 화가 나고 속상할 때가 한두 번이 아닙니다. 모름지기 모든 시 작품은 종이책으로 읽어야 하고 종이책을 기본으로 삼아야 합니다.

그런 점에서 이 책은 많은 독자에게 문학 공부로서 유익한 길라잡이 역할을 해줄 것이며 인생의 동행자를 자청하기도 할 것입니다. 그리하여 외롭고 따분하고 답답하기까지 한 인생 역정에 소리 없는 도움을 선물할 것입니다.

결국 좋은 시는 사람을 살리게 마련입니다. 애당초 시를 쓰면서 시인을 살린 시가 좋은 시입니다. 그런 다음 그 시가 독자에게로 가서 독자까지도 살립니다. 나날이 외롭고 우울하여 시들어 가는 감성이 있다면 시를 읽고 외우고 베끼는 사이 조금씩 소생하기 시작하여 끝내는 싱싱한 목숨이 되는 놀라운 경험을 하게 될 것입니다.

그렇습니다. 이 책에 실린 시들이 이 책을 읽고 외우고 베끼는 독자들의 마음의 언덕에 내려 이 시대의 우울과 피로와 불안을 해소해 주는 역할을 자임할 것입니다. 이래저래 고맙고 감사한 노릇입니다. 우리, 오래된 시의 덕성을 빌려 우리 또한 좋은 인생을 꿈꾸어 봅시다.

차례

여는 글 오래된 시의 덕성을 빌려 나태주 시인　　　4

1장 ___ 사랑이 머무는 자리

대숲 아래서 나태주	14
사랑을 사랑하여요 한용운	16
별 헤는 밤 윤동주	18
진달래꽃 김소월	20
사랑하는 까닭 한용운	22
기차 심훈	24
복종 한용운	26
코스모스 윤동주	28
님 두시고 가는 길 김영랑	30
사랑의 측량 한용운	32
초혼 김소월	34
사랑의 애가哀歌 노자영	36
그 사람에게 김소월	38
차라리 한용운	40
사랑 장정심	42
해당화 한용운	44
미움이란 말 속에 김영랑	46
새로워진 행복 박용철	48
꽃 피는 달밤에 윤곤강	50
당신에게 장정심	52

2장 마음이 돌아가는 길

겨울 달무리 나태주	56
호수 정지용	58
못 잊어 김소월	60
내 마음을 아실 이 김영랑	62
먼 후일 김소월	64
강물 김영랑	66
님의 노래 김소월	68
그 때 장정심	70
햇빛·바람 윤동주	72
여름밤이 길어요 한용운	74
가는 길 김소월	76
예전엔 미처 몰랐어요 김소월	78
세월이 가면 박인환	80
오줌싸개 지도 윤동주	82
고향 정지용	84
접동새 김소월	86
해바라기 얼굴 윤동주	88
엄마야 누나야 김소월	90
편지 윤동주	92
향수 정지용	94

3장 자연이 건네는 말들

가을 서한. B 나태주	98
돌담에 속삭이는 햇발 김영랑	100
자연의 마음 장정심	102
꿈밭에 봄마음 김영랑	104
봄은 고양이로다 이장희	106
꽃씨 장정심	108

이른 봄 아침 정지용	110
모란이 피기까지는 김영랑	112
별똥 정지용	114
클로버 장정심	116
조개껍질 윤동주	118
황홀한 달빛 김영랑	120
반딧불 윤동주	122
여름밤의 풍경 노자영	124
끝없는 강물이 흐르네 김영랑	126
참새 윤동주	128
들에서 이장희	130
첫눈 심훈	132
눈 윤동주	134
눈은 내리네 이장희	136

4장 __ 나를 마주하는 시간

약속 나태주	140
산유화 김소월	142
생각하면 부끄러운 김영랑	144
마음의 촛불 함형수	146
추억 노자영	148
거울 이상	150
목마와 숙녀 박인환	152
고적한 밤 한용운	154
잠을 이루지 못하는 밤 박인환	156
오늘 장정심	158
행복 박인환	160
떠나가는 배 박용철	162
황혼 김현구	164

지하실 박인환　　　　　　　　　　　166

바둑이는 거짓이 없나니 조명희　　　168

아우의 인상화 윤동주　　　　　　　170

독을 차고 김영랑　　　　　　　　　172

새벽 한 시의 시 박인환　　　　　　174

오는 봄 김소월　　　　　　　　　　176

알 수 없어요 한용운　　　　　　　　178

5장 다시 봄이 오는 소리

서시 윤동주　　　　　　　　　　　　182

빼앗긴 들에도 봄은 오는가 이상화　184

또 다른 고향 윤동주　　　　　　　　186

청포도 이육사　　　　　　　　　　　188

자화상 윤동주　　　　　　　　　　　190

독백 이상화　　　　　　　　　　　　192

쉽게 씌어진 시 윤동주　　　　　　　194

꽃 이육사　　　　　　　　　　　　　196

길 윤동주　　　　　　　　　　　　　198

꽃에 물을 주는 뜻은 오일도　　　　200

참회록 윤동주　　　　　　　　　　　202

절정 이육사　　　　　　　　　　　　204

그날이 오면 심훈　　　　　　　　　206

새벽이 올 때까지 윤동주　　　　　　208

광야 이육사　　　　　　　　　　　　210

십자가 윤동주　　　　　　　　　　　212

님의 침묵 한용운　　　　　　　　　214

눈감고 간다 윤동주　　　　　　　　216

바다로 가자 김영랑　　　　　　　　218

새로운 길 윤동주　　　　　　　　　220

1장 ——— 사랑이 머무는 자리

대숲 아래서 _나태주

1
바람은 구름을 몰고
구름은 생각을 몰고
다시 생각은 대숲을 몰고
대숲 아래 내 마음은 낙엽을 몬다.

...

3
어제는 보고 싶다 편지 쓰고
어젯밤 꿈엔 너를 만나 쓰러져 울었다.
자고 나니 눈두덩이엔 메마른 눈물자죽,
문을 여니 산골엔 실비단 안개.

나태주 (1945~) 2007년 공주 장기초등학교 교장을 끝으로 교직 생활을 마친 뒤, 공주문화원 원장을 거쳐 현재는 나태주 풀꽃문학관을 운영하고 있다. 한국인이 가장 사랑하는 시로 〈풀꽃〉이 선정될 만큼 사랑받는 대표적인 국민 시인이다.

《대숲 아래서》 수록

● 꿈 속에서라도 만나고 싶을 정도로 그리운 사람이 있나요?

사랑을 사랑하여요 _한용운

당신의 얼굴은 봄 하늘의 고요한 별이어요
그러나 찢어진 구름 사이로 돋아 오는 반달 같은 얼굴이 없는 것이 아닙니다
만일 어여쁜 얼굴만을 사랑한다면 왜 나의 베갯모에 달을 수놓지 않고 별을 수놓아요

…

온 세상 사람이 나를 사랑하지 아니할 때에 당신만이 나를 사랑하였습니다
나는 당신을 사랑하여요. 나는 당신의 <사랑>을 사랑하여요

한용운 (1879~1944) 일제강점기의 시인, 승려, 독립운동가로 호는 '만해'다. 한국 불교의 근대화를 주도했으며, 불교 사상과 저항 정신을 문학적으로 결합했다는 점이 가장 큰 특징이다.
《님의 침묵》 수록

● 누군가를 사랑할 때 가장 중요하게 생각하는 것은 무엇인가요?

별 헤는 밤 _윤동주

계절이 지나가는 하늘에는
가을로 가득 차 있습니다.

나는 아무 걱정도 없이
가을 속의 별들을 다 헤일 듯합니다.

가슴 속에 하나 둘 새겨지는 별을
이제 다 못 헤는 것은
쉬이 아침이 오는 까닭이요,
내일 밤이 남은 까닭이요,
아직 나의 청춘이 다하지 않은 까닭입니다.

별 하나에 추억과
별 하나에 사랑과
별 하나에 쓸쓸함과
별 하나에 동경과
별 하나에 시와
별 하나에 어머니, 어머니,
…

《하늘과 바람과 별과 시》 수록

● 밤하늘의 별을 바라보면 어떤 생각이 떠오르나요?

진달래꽃 _김소월

나 보기가 역겨워

가실 때에는

말없이 고이 보내드리우리다

영변에 약산

진달래꽃

아름 따다 가실 길에 뿌리우리다

가시는 걸음걸음

놓인 그 꽃을

사뿐히 즈려밟고 가시옵소서

나 보기가 역겨워

가실 때에는

죽어도 아니 눈물 흘리우리다

김소월 (1902~1934) 본명은 김정식으로 '소월'은 아호다. 향토적인 정서를 바탕으로 한국의 전통적인 한과 그리움을 노래한 시인이다. 한국인의 보편적 감성을 담은 그의 작품은 지금까지도 널리 사랑받고 있으며, 전통 민요시의 계승과 현대적 정서의 결합을 통해 한국 서정시의 지평을 넓혔다는 평가를 받는다.

〈개벽〉 수록

● 좋은 이별이 있다고 생각하나요?

사랑하는 까닭 _한용운

내가 당신을 사랑하는 것은
까닭이 없는 것은 아닙니다.
다른 사람들은 나의 홍안만을 사랑하지만은
당신은 나의 백발도 사랑하는 까닭입니다.

내가 당신을 사랑하는 것은
까닭이 없는 것은 아닙니다.
다른 사람들은 나의 미소만을 사랑하지만은
당신은 나의 눈물도 사랑하는 까닭입니다.

내가 당신을 사랑하는 것은
까닭이 없는 것은 아닙니다.
다른 사람들은 나의 건강만을 사랑하지만은
당신은 나의 죽음도 사랑하는 까닭입니다.

《님의 침묵》 수록

● 이유 없이 좋아하는 것이 있나요?

기차 _심훈

깊은 밤, 캄캄한 하늘에
길게 우는 저 기적 소리
어디로서 오는 차인지,
그는 몰라도
만나서 웃거나 보내고 울거나
나는 몰라도
간신히 얻은 고운 임의 꿈을
행여 깨우지나 말아라.

심훈 (1901~1936) 본명은 심대섭이다. 1919년 3·1 운동에 참여해 옥고를 치른 뒤 중국으로 망명했다. 귀국 후에는 연극, 영화, 소설 등 다방면으로 활동했다. 작품을 통해 민족주의와 계급적 저항 의식, 휴머니즘을 드러냈으며, 본격적인 농민문학의 흐름을 여는 데 크게 기여했다.
《그날이 오면》 수록

● 누군가의 배려에 감사했던 순간이 있나요?

복종 _한용운

남들은 자유를 사랑한다지마는, 나는 복종을 좋아하여요.
자유를 모르는 것은 아니지만, 당신에게는 복종만 하고 싶어요.
복종하고 싶은데 복종하는 것은 아름다운 자유보다도 달콤합니다.
그것이 나의 행복입니다.

그러나 당신이 나더러 다른 사람을 복종하라면 그것만은 복종할 수가 없습니다.
다른 사람을 복종하려면 당신에게 복종할 수 없는 까닭입니다.

《님의 침묵》 수록

● 진심으로 믿고 따르는 사람이 있나요?

코스모스 _윤동주

청초한 코스모스는
오직 하나인 나의 아가씨

달빛이 싸늘히 추운 밤이면
옛 소녀가 못 견디게 그리워
코스모스 핀 정원으로 찾아간다.

코스모스는
귀또리 울음에도 수줍어지고,

코스모스 앞에 선 나는
어렸을 적처럼 부끄러워지나니,

내 마음은 코스모스의 마음이오
코스모스의 마음은 내 마음이다.

윤동주 (1917~1945) 일제강점기 조선 시인으로, 순수하고 성찰적인 시 세계로 지금까지도 많은 사랑을 받고 있다. 《하늘과 바람과 별과 시》 등의 시집을 통해 대표 시들을 남겼고, 정체성과 존재에 대한 내면의 목소리를 시로 드러냈다.

《하늘과 바람과 별과 시》 수록

● 계절마다 떠오르는 꽃이 있나요?

님 두시고 가는 길 _김영랑

님 두시고 가는 길의 애끈한 마음이여
한숨 쉬면 꺼질 듯한 조매로운 꿈길이여
이 밤은 캄캄한 어느 뉘 시골인가
이슬같이 고인 눈물을 손끝으로 깨치나니

김영랑 (1903~1950) 본명은 김윤식으로 '영랑'은 아호다. 〈시문학〉 동인으로 활동하며 섬세한 서정성과 맑은 언어로 한국 순수시의 극치를 보여줬다. 다수의 작품을 통해 내면의 정감과 자연에 대한 애정을 노래했으며, 광복 이후에는 적극적인 사회참여 의지를 보여주는 시를 발표했다.
《영랑시집》 수록

● 혼자 있는 게 외로울 때 어떻게 이겨 내나요?

사랑의 측량 _한용운

즐겁고 아름다운 일은 양이 많을수록 좋은 것입니다.
그런데 당신의 사랑은 양이 적을수록 좋은가 봐요.
당신의 사랑은 당신과 나와 두 사람 사이에 있는 것입니다.
당신의 사랑은 당신과 나의 거리를 측량할 수밖에 없습니다.
그래서 당신과 나의 거리가 멀면 사랑의 양이 많고, 거리가 가까우면 사랑의 양이 적을 것입니다.
그런데 적은 사랑은 나를 웃기더니, 많은 사랑은 나를 울립니다.

뉘라서 사람이 멀어지면, 사랑도 멀어진다고 하여요.
당신이 가신 뒤로 사랑이 멀어졌으면, 날마다 날마다 나를 울리는 것이 사랑이 아니고 무엇이여요.

《님의 침묵》 수록

● 사랑의 크기를 잴 수 있다고 생각하나요?

초혼 _김소월

산산이 부서진 이름이여!
허공 중에 헤어진 이름이여!
불러도 주인 없는 이름이여!
부르다가 내가 죽을 이름이여!

심중에 남아 있는 말 한마디는
끝끝내 마저 하지 못하였구나.
사랑하던 그 사람이여!
사랑하던 그 사람이여!

붉은 해는 서산마루에 걸리었다.
사슴의 무리도 슬피 운다.
떨어져 나가 앉은 산 위에서
나는 그대의 이름을 부르노라.

…

《진달래꽃》 수록

● 잊으려고 할수록 선명해지는 기억이 있나요?

사랑의 애가哀歌 _노자영

사랑이란 눈물에 젖은 이름!
그 이름 아름답다고 가슴에 새겨 보았더니

아서라 덧없어라
봄날의 피는 꽃과같이
열흘도 붉지 못하고 힘없이 지네

꽃이여, 님이여 그대는 가는가?
오기는 십년이나 벼르고 오더니
갈때에는 열흘도 못잊고 가네

오기는 더디오고 가기는 빠른!
올때는 끌리는 치맛자락에 꽃이 피더니
갈때에는 자욱마다 눈물이 고이네.

노자영 (1898~1940) 1918년 〈매일신보〉에 작품이 당선되며 본격적인 작품 활동을 전개했다. 낭만적 감상주의를 보여주는 작품을 남겼으며, 시뿐만 아니라 평론, 수필, 소설 등 다양한 분야를 넘나들며 활동했다.
《백공작》 수록

● 누군가와 이별할 때 했던 마지막 말을 기억하나요?

그 사람에게 _김소월

한때는 많은 날을 당신 생각에
밤까지 새운 일도 없지 않지만
지금도 때마다는 당신 생각에
축업는 베갯가의 꿈은 있지만

낯 모를 딴 세상의 네길거리에
애달피 날 저무는 갓 스물이요.
캄캄한 어두운 밤 들에 헤매도
당신은 잊어버린 설움이외다.

당신을 생각하면 지금이라도
비 오는 모래밭에 오는 눈물의
축업는 베갯가의 꿈은 있지만
당신은 잊어버린 설움이외다.

…

《진달래꽃》 수록

● 어느 날 문득 떠오르는 잊고 있던 기억이 있나요?

차라리 _한용운

님이여 오셔요 오시지 아니하려면 차라리 가셔요 가려다 오고 오려다 가는 것은 나에게 목숨을 빼앗고 죽음도 주지 않는 것입니다
님이여 나를 책망하려거든 차라리 큰소리로 말씀하여 주셔요 침묵으로 책망하지 말고 침묵으로 책망하는 것은 아픈 마음을 얼음 바늘로 찌르는 것입니다
님이여 나를 아니 보려거든 차라리 눈을 돌려서 감으셔요 흐르는 곁눈으로 흘겨보지 마셔요 곁눈으로 흘겨보는 것은 사랑의 보에 가시의 선물을 싸서 주는 것입니다

《님의 침묵》 수록

● '차라리'라는 말 뒤에 어떤 문장을 적고 싶나요?

사랑 _장정심

사랑이 어떻던가 묻지 마서요
설명할 수 없는 것은 사랑이라 합니다
사랑의 맛이 어떨까 생각 마서요
달고 쓰다고 말할 수 없다 합니다

웃음이 사랑인가?
눈물이 사랑인가?
아무에도 묻지 마서요
슬픈지 기쁜지 누가 알겠어요

…

사랑은 사랑인지 모르고 있을
그때가 진실한 사랑이라 합니다
사랑의 경중을 달아보자 마서요
눈물과 웃음밖에 없다고 합니다

장정심 (1898~1947) 기독교계 잡지 〈청년〉에 작품을 발표하며 등단했다. 신앙심을 바탕으로 서정성과 섬세한 내면 세계를 드러내는 작품을 발표하며 선구자적 소임을 다한 여류 시인으로 높이 평가되고 있다.
《금선》 수록

● 사랑을 한 단어로 표현한다면 무엇일까요?

해당화 _한용운

당신은 해당화 피기 전에 오신다고 하였습니다. 봄은 벌써 늦었습니다.

봄이 오기 전에는 어서 오기를 바랐더니 봄이 오고 보니 너무 일찍 왔나 두려워합니다.

철모르는 아이들은 뒷동산에 해당화가 피었다고 다투어 말하기로 듣고도 못 들은 체하였더니

야속한 봄바람은 나는 꽃을 불어서 경대 위에 놓입니다그려.

시름없이 꽃을 주워서 입술에 대고 '너는 언제 피었니'하고 물었습니다.

꽃은 말도 없이 나의 눈물에 비쳐서 둘도 되고 셋도 됩니다.

《님의 침묵》 수록

● 꽃에 대한 아름다운 기억이 있나요?

미움이란 말 속에 _김영랑

미움이란 말 속에 보기 싫은 아픔
미움이란 말 속에 하잔한 뉘침
그러나 그 말씀 씹히고 씹힐 때
한 꺼풀 넘치어 흐르는 눈물

《영랑시집》 수록

● 당신에게 미움이란 어떤 의미를 가지고 있나요?

새로워진 행복 _박용철

검푸른 밤이 거룩한 기운으로
온 누리를 덮어싼 제,
그대 아침과 저녁을 같이하던
사랑은 눈의 앞을 몰래 떠나,
뒷산 언덕 우에 혼잣몸을 뉘라.
별 많은 하늘 무심히 바라다가
시름없이 눈감으면.
더 빛난 세상의 문 마음눈에 열리리니,
기쁜 가슴 물결같이 움즐기고,
뉘우침과 용서의 아름답고 좋은 생각
헤엄치는 물고기 떼처럼 뛰어들리.

…

박용철 (1904~1938) 아오야마학원 중학부 재학 시절 김영랑과 교우로 지내며 문학에 관심을 갖게 되었다. 1930년대 〈시문학〉, 〈문예월간〉, 〈문학〉 등의 문예지를 간행하고 방대한 번역시를 국내에 소개하는 등 선구적인 역할을 했다.
《박용철전집》 수록

● 최근 새롭게 발견한 행복은 무엇인가요?

꽃 피는 달밤에 _윤곤강

빛나는 해와 밝은 달이 있기로
하늘은 금빛도 되고 은빛도 되옵니다

사랑엔 기쁨과 슬픔이 같이 있기로
우리는 살 수도 죽을 수도 있으오이다

꽃 피는 봄은 가고 잎 피는 여름이 오기로
두견새 우는 달밤은 더욱 슬프오이다

이슬이 달빛을 쓰고 꽃잎에 잠들기로
나는 눈물의 진주 구슬로 이 밤을 새웁니다

만일 당신의 사랑을 내 손바닥에 담아
금방울 같은 소리를 낼 수 있다면
아아, 고대 죽어도 나는 슬프지 않겠노라

윤곤강 (1911~1950) 본명은 윤붕원으로 '곤강'은 아호다. 1939년 〈시학〉 동인으로 활약했으며, 이후 조선문학가동맹으로 활동했다. 다수의 작품을 발표하며 새로운 시 세계를 개척하려는 의욕을 보였다.
《살어리》 수록

● 잠이 오지 않는 밤에는 어떤 생각이 드나요?

당신에게 _장정심

당신에게 노래를 청할 수 있다면
들릴락 말락 은은 소리로
우리 집 창밖에 홀로 와서
내 귀에 가만히 속삭여 주시오

당신에게 웃음을 청할 수 있다면
꿈인 듯 생시인 듯 연연한 음조로
봉오리 꽃같이 고운 웃음
괴롭든 즐겁든 늘 웃어 주시오

…

당신에게 무엇을 청할지라도
거절 안 하실 터이오니
사랑의 그 마음 고이 싸서
만나는 그날에 그대로 주시오

《금선》 수록

● 이 시를 누구에게 들려주고 싶나요?

2장 마음이 돌아가는 길

겨울 달무리 _나태주

웃으면서 가지런한 옥니가 이쁘던 그대.
웃으면 볼 위에 새암도 생기던 그대.
그대의 손가락에 끼웠던
금가락지 같은 달무리가
오늘은 우리의 이별의 하늘에 솟았다.

...

울멍울멍 울음을 참던
나의 하늘에
그 때 그대를 시집 보내던 나의 마음이
오늘은 잊혀진 겨울 하늘에
흐릿한 달무리로만 어렸다.

달무리 하나로만 남았다.

《대숲 아래서》 수록

● 시간이 지나도 자꾸자꾸 생각나는 사람이 있나요?

호수 _정지용

얼굴 하나야
손바닥 둘로
폭 가리지만,

보고 싶은 마음
호수만 하니
눈 감을 밖에.

정지용 (1902~1950) 서정시를 대표하는 시인으로 섬세한 감각과 독특한 언어를 구사하며 독자적인 시 세계를 개척했다. 그의 작품은 고향과 자연에 대한 서정, 삶과 죽음에 대한 성찰을 깊이 담고 있다.
〈시문학〉 수록

● 고요한 호수를 보면 어떤 생각이 드나요?

못 잊어 _김소월

못 잊어 생각이 나겠지요,
그런대로 한세상 지내시구려,
사노라면 잊힐 날 있으리다.

못 잊어 생각이 나겠지요,
그런대로 세월만 가라시구려,
못 잊어도 더러는 잊히오리다.

그러나 또 한끝 이렇지요,
'그리워 살뜰히 못 잊는데,
어쩌면 생각이 떠지나요?'

《진달래꽃》 수록

● 당신에게 그리움이란 어떤 모양인가요?

내 마음을 아실 이 _김영랑

내 마음을 아실 이
내 혼자 마음 날같이 아실 이
그래도 어데나 계실 것이면

내 마음에 때때로 어리우는 티끌과
속임 없는 눈물의 간곡한 방울방울
푸른 밤 고이 맺는 이슬 같은 보람을
보밴 듯 감추었다 내어드리지.

아! 그립다.
내 혼자 마음 날같이 아실 이
꿈에나 아득히 보이는가.

향 맑은 옥돌에 불이 달어
사랑은 타기도 하오련만
불빛에 연기인 듯 희미론 마음은
사랑도 모르리 내 혼자 마음은.

《영랑시집》 수록

● 내 마음을 가장 잘 아는 사람은 누구인가요?

먼 후일 _김소월

먼 훗날 당신이 찾으시면
그때에 내 말이 잊었노라

당신이 속으로 나무라면
무척 그리다가 잊었노라

그래도 당신이 나무라면
믿기지 않아서 잊었노라

오늘도 어제도 아니 잊고
먼 훗날 그때에 잊었노라

〈학생계〉 수록

● 먼 훗날 어떤 사람으로 기억되고 싶나요?

강물 _김영랑

잠자리 서뤄서 일어났소
꿈이 곱지 못해 눈을 떴소

베개에 차단히 눈물은 젖었는데
흐르다 못해 한 방울 애끈히 고이었소

꿈에 본 강물이 몹시 보고 싶었소
무럭무럭 김 오르며 내리는 강물

언덕을 혼자서 지니노라니
물오리 갈매기도 끼룩끼룩

강물은 철철 흘러가면서
아심찬이 그 꿈도 떠싣고 갔소

꿈이 아닌 생시 가진 설움도
작고 강물은 떠싣고 갔소.

《영랑시집》 수록

● 강물에 흘려보내고 싶은 사연이 있나요?

님의 노래 _김소월

그리운 우리 님의 맑은 노래는
언제나 제 가슴에 젖어 있어요

긴 날을 문밖에서 서서 들어도
그리운 우리 님의 고운 노래는
해 지고 저물도록 귀에 들려요
밤들고 잠들도록 귀에 들려요

고이도 흔들리는 노랫가락에
내 잠은 그만이나 깊이 들어요
고적한 잠자리에 홀로 누어도
내 잠은 포스근히 깊이 들어요

그러나 자다 깨면 님의 노래는
하나도 남김없이 잃어버려요
들으면 듣는 대로 님의 노래는
하나도 남김없이 잊고 말아요

〈개벽〉 수록

● 힘들 때 위로가 되는 노래가 있나요?

그 때 _장정심

내가 당신을 기다릴 때마다
지체말고 오시라 했지요
내가 당신을 부를 때마다
곧 대답하고 오시라 했지요

그러나 당신이 오셨을 때는
기다리다 못해 지친 때입니다
그러나 당신이 오셨을 때는
대답이 없어 돌아갈 때였습니다

…

《금선》 수록

● 과거로 돌아갈 수 있다면 언제로 가고 싶나요?

햇빛·바람 _윤동주

손가락에 침발러
쏘옥, 쏙, 쏙,
장에 가는 엄마 내다보려
문풍지를
쏘옥, 쏙, 쏙,

아침에 햇빛이 반짝,

손가락에 침발러
쏘옥, 쏙, 쏙,
장에 가신 엄마 돌아오나
문풍지를
쏘옥, 쏙, 쏙,

저녁에 바람이 솔솔.

《하늘과 바람과 별과 시》 수록

● 어린 시절 어머니와의 애틋한 기억이 있나요?

여름밤이 길어요 _한용운

당신이 계실 때에는 겨울밤이 짧더니 당신이 가신 뒤에는 여름밤이 길어요
책력의 내용이 그릇되었나 하였더니 개똥불이 흐르고 벌레가 웁니다
긴 밤은 어디서 오고 어디로 가는 줄을 분명히 알았습니다
긴 밤은 근심 바다의 첫 물결에서 나와서 슬픈 음악이 되고 아득한 사막이 되더니 필경 절망의 성 너머로 가서 악마의 웃음 속으로 들어갑니다

그러나 당신이 오시면 나는 사랑의 칼을 가지고 긴 밤을 깨어서 일천 토막을 내겠습니다
당신이 계실 때는 겨울밤이 짧더니 당신이 가신 뒤는 여름밤이 길어요

《님의 침묵》 수록

● 시간이 참 빨리 간다고 느꼈던 순간이 있나요?

가는 길 _김소월

그립다
말을 할까
하니 그리워

그냥 갈까
그래도
다시 더 한번……

저 산에도 까마귀, 들에 까마귀,
서산에는 해 진다고
지저귑니다.

앞 강물, 뒷 강물,
흐르는 물은
어서 따라오라고 따라가자고
흘러도 연달아 흐릅디다려.

〈개벽〉 수록

● 지금 내가 가는 길에 대해 고민한 적이 있나요?

예전엔 미처 몰랐어요 _김소월

봄 가을 없이 밤마다 돋는 달도
예전엔 미처 몰랐어요.

이렇게 사무치게 그리울 줄도
예전엔 미처 몰랐어요.

달이 암만 밝아도 쳐다볼 줄을
예전엔 미처 몰랐어요.

이제금 저 달이 설움인 줄은
예전엔 미처 몰랐어요.

《진달래꽃》 수록

● 시간이 흐른 뒤에야 그 소중함을 알게 된 적이 있나요?

세월이 가면 _박인환

지금 그 사람의 이름은 잊었지만
그의 눈동자 입술은
내 가슴에 있어

바람이 불고
비가 올 때도
나는 저 유리창 밖
가로등 그늘의 밤을 잊지 못하지

…

박인환 (1926~1956) 1946년 〈국제신보〉에 작품을 발표하며 등단한 이후 본격적인 작품 활동을 시작했다. 해방 후 모더니즘을 대표하는 시인으로 도시 문명의 우울과 불안을 감각적으로 표현해 주목을 받았다.
《박인환 선시집》 수록

● 세월이 흐른 뒤에도 변하지 않는 것은 무엇일까요?

오줌싸개 지도 _윤동주

빨래줄에 걸어 논
요에다 그린 지도
지난밤에 내 동생
오줌 싸 그린 지도

꿈에 가본 엄마 계신
별나라 지돈가?
돈 벌러 간 아빠 계신
만주 땅 지돈가?

〈가톨릭소년〉 수록

● 가장 소중히 간직하고 싶은 물건은 무엇인가요?

고향 _정지용

고향에 고향에 돌아와도
그리던 고향은 아니러뇨.

산 꿩이 알을 품고
뻐꾸기 제철에 울건만,

마음은 제 고향 지니지 않고
머언 항구로 떠도는 구름.

오늘도 뫼 끝에 홀로 오르니
흰 점 꽃이 인정스레 웃고,

어린 시절에 불던 풀피리 소리 아니 나고
메마른 입술에 쓰디쓰다.

고향에 고향에 돌아와도
그리던 하늘만이 높푸르구나.

〈동방평론〉 수록

● 내 마음의 고향 같은 곳은 어디인가요?

접동새 _김소월

...

누나라고 불러 보랴
오오 불설워
시샘에 몸이 죽은 우리 누나는
죽어서 접동새가 되었습니다

아홉이나 남아 되던 오랩동생을
죽어서도 못 잊어 차마 못 잊어
야삼경 남 다 자는 밤이 깊으면
이 산 저 산 옮아가며 슬피 웁니다

《진달래꽃》 수록

● 슬픔을 이겨 내는 나만의 방법이 있나요?

해바라기 얼굴 _윤동주

누나의 얼굴은
해바라기 얼굴
해가 금방 뜨자
일터에 간다.

해바라기 얼굴은
누나의 얼굴
얼굴이 숙어들어
집으로 온다.

《하늘과 바람과 별과 시》 수록

● 설렘과 그리움을 간직한 대상이 있나요?

엄마야 누나야 _김소월

엄마야 누나야 강변 살자,
뜰에는 반짝이는 금모래빛,
뒷문 밖에는 갈잎의 노래
엄마야 누나야 강변 살자.

《진달래꽃》 수록

● 어린 시절 재미있게 즐겼던 추억은 무엇인가요?

편지 _윤동주

누나!
이 겨울에도
눈이 가득히 왔습니다.

흰 봉투에
눈을 한 줌 넣고
글씨도 쓰지 말고
우표도 붙이지 말고
말쑥하게 그대로
편지를 부칠까요?

누나 가신 나라엔
눈이 아니 온다기에.

《하늘과 바람과 별과 시》 수록

● 지금 편지를 보내고 싶은 사람이 있나요?

향수 _정지용

넓은 벌 동쪽 끝으로
옛이야기 지줄대는 실개천이 회돌아 나가고,
얼룩백이 황소가
해설피 금빛 게으른 울음을 우는 곳,

―― 그 곳이 차마 꿈엔들 잊힐 리야.

질화로에 재가 식어지면
뷔인 밭에 밤바람 소리 말을 달리고,
엷은 졸음에 겨운 늙으신 아버지가
짚 베개를 돋아 고이시는 곳,

―― 그 곳이 차마 꿈엔들 잊힐 리야.

…

〈조선지광〉 수록

● 죽기 전에 다시 한 번 가보고 싶은 장소가 있나요?

3장 ____ 자연이 건네는 말들

가을 서한. B _나태주

1
당신도 쉽사리 건져주지 못할 슬픔이라면
해질녘 바닷가에 나와 서 있겠습니다.
금방 등돌리며 이별하는 햇볕들을 만나기 위하여.
그 햇볕들과 두 번째의 이별을 갖기 위하여.

2
눈 한 번 감았다 뜰 때마다
한 겹씩 옷을 벗고 나서는 구름,
멀리 웃고만 계신 당신 옆모습이랄까?
손 안 닿을 만큼 멀리 빛나는 슬픔의 높이.

…

《대숲 아래서》 수록

● 시간이 흐를수록 무뎌지는 감정이 있나요?

돌담에 속삭이는 햇발 _김영랑

돌담에 속삭이는 햇발같이
풀 아래 웃음 짓는 샘물같이
내 마음 고요히 고운 봄 길 위에
오늘 하루 하늘을 우러르고 싶다.

새악시 볼에 떠오는 부끄럼같이
시의 가슴 살포시 젖는 물결같이
보드레한 에메랄드 얇게 흐르는
실비단 하늘을 바라보고 싶다.

《영랑시집》 수록

● 발걸음을 멈추게 만든 순간이 있나요?

자연의 마음 _장정심

눈이 내려 덮고 얼음이 얼어붙어
언제 다시 풀이 돋고 꽃이 필까
막연하던 저 땅 위에서
자연의 마음은 손을 벌려 헤쳐주었소

그리고 사나운 바람도 막아주고
얼음을 끄고 눈을 녹여서
저 어린 풀싹 저 고운 꽃봉오리
지나간 봄같이 잎 돋고 꽃 피게 하였소

...

《금선》 수록

● 자연을 바라보며 위로받은 순간이 있나요?

꿈밭에 봄마음 _김영랑

굽이진 돌담을 돌아서 돌아서
달이 흐른다 놀이 흐른다
하이얀 그림자
은실을 즈르르 몰아서
꿈밭에 봄마음 가고 가고 또 간다

《영랑시집》 수록

● 봄이 오면 가장 먼저 떠오르는 것은 무엇인가요?

봄은 고양이로다 _이장희

꽃가루와 같이 부드러운 고양이의 털에
고운 봄의 향기가 어리우도다.

금방울과 같이 호동그란 고양이의 눈에
미친 봄의 불길이 흐르도다.

고요히 다물은 고양이의 입술에
포근한 봄 졸음이 떠돌아라.

날카롭게 쭉 뻗은 고양이의 수염에
푸른 봄의 생기가 뛰놀아라.

이장희 (1900~1929) 섬세한 감각과 시각적 이미지를 바탕으로 계절의 변화를 생생하게 포착했다. 1920년대 낭만주의와 상징주의가 주류를 이루던 시단에서 섬세한 감각과 이미지의 조형성을 보여주며 한국 시사에서 새로운 시적 경지를 열었다.
〈금성〉 수록

● 계절의 변화에 마음이 일렁인 적이 있나요?

꽃씨 _장정심

한 송이 백합 속에 무한한 생명의 씨
이것이 진리 되어 해마다 곱게 피어
거칠고 퇴색한 우주를 저렇게 꾸며 주오

꽃보다 더 귀중한 어린이 노래 웃음
배달의 축복 아래 자라나 무럭무럭
이 땅에 꽃씨 되어서 새 꽃 되어 피소서

...

《금선》 수록

● 바쁜 일상 속에서 자연의 숨결을 느낀 순간이 있나요?

이른 봄 아침 _정지용

귀에 설은 새소리가 새어 들어와
참한 은시계로 자근자근 얻어맞은 듯,
마음이 이 일 저 일 보살필 일로 갈라져,
수은 방울처럼 동글동글 나동그라져,
춥기는 하고 진정 일어나기 싫어라.

쥐나 한 마리 훔켜잡을 듯이
미닫이를 살포—시 열고 보니
사루마다 바람으론 오호! 치워라.

…

〈신민〉 수록

● 아침 일찍 눈이 떠진다면 하루를 어떻게 보내고 싶나요?

모란이 피기까지는 _김영랑

모란이 피기까지는

나는 아직 나의 봄을 기다리고 있을 테요

모란이 뚝뚝 떨어져 버린 날

나는 비로소 봄을 여읜 설움에 잠길 테요

오월 어느 날, 그 하루 무덥던 날

떨어져 누운 꽃잎마저 시들어 버리고는

천지에 모란은 자취도 없어지고

뻗쳐 오르던 내 보람 서운케 무너졌느니

모란이 지고 말면 그뿐, 내 한 해는 다 가고 말아

삼백예순 날 하냥 섭섭해 우옵네다

모란이 피기까지는

나는 아직 기다리고 있을 테요,

찬란한 슬픔의 봄을.

〈문학〉 수록

● 기다림이 주는 가장 큰 선물은 무엇일까요?

별똥 _정지용

별똥 떠러진 곳,

마음해 두었다

다음날 가보려,

벼르다 벼르다

인젠 다 자랐오.

《정지용 시집》 수록

● 당신에게 기대감을 주는 대상은 무엇인가요?

클로버 _장정심

여름날 초장에 햇빛을 등지고
홀로 앉아서 클로버를 찾는데
『무엇을 찾으오』하는 익숙한 음성에
휙 돌아보니 기다리던 벗이었소.

말없이 휘파람으로 웃음 섞어
믿음, 소망, 사랑, 행복이라고
클로버 한 잎새 손에 들고
뱅뱅 돌리며 노래해 주었소.

…

《금선》 수록

● 네잎클로버를 찾으면 어떤 소원을 빌고 싶나요?

조개껍질 _윤동주

아롱아롱 조개껍데기
울 언니 바닷가에서
주워온 조개껍데기

여긴 여긴 북쪽 나라요
조개는 귀여운 선물
장난감 조개껍데기

데굴데굴 굴리며 놀다
짝 잃은 조개껍데기
한 짝을 그리워하네

아롱아롱 조개껍데기
나처럼 그리워하네.
물소리 바닷물소리.

《하늘과 바람과 별과 시》 수록

● 사무치게 그리운 순간이나 대상이 있나요?

황홀한 달빛 _김영랑

황홀한 달빛
바다는 은장
천지는 꿈인 양
이리 고요하다

부르면 내려올 듯
정든 달은
맑고 은은한 노래
울려날 듯

저 은장 위에
떨어진단들
달이야 설마
깨어질라고

…

《영랑시집》 수록

● 고요한 달밤이 위로가 된 적이 있나요?

반딧불 _윤동주

가자 가자 가자
숲으로 가자
달 조각을 주으러
숲으로 가자.

  그믐밤 반딧불은
  부서진 달 조각,

가자 가자 가자
숲으로 가자
달 조각을 주으러
숲으로 가자.

《하늘과 바람과 별과 시》 수록

● 당신의 삶 속에서 빛과 같은 존재가 있나요?

여름밤의 풍경 _노자영

새벽 한 시 울타리에 주렁주렁 달린 호박꽃엔
한 마리 반딧불이 날 찾는 듯 반짝거립니다
아, 멀리 계신 님의 마음 반딧불 되어 오셨습니까?
삼가 방문을 열고 맨발로 마중 나가리다

창 아래 잎잎이 기름진 대추나무 사이로
진주같이 작은 별이 반짝거립니다
당신의 고운 마음 별이 되어 날 부르시나이까?
자던 눈 고이 닦고 그 눈동자 바라보리다.

…

《백공작》 수록

● 여름밤과 관련된 특별한 기억이 있나요?

끝없는 강물이 흐르네 _김영랑

내 마음의 어딘 듯 한 편에 끝없는
강물이 흐르네.
돋쳐 오르는 아침 날빛이 빤질한
은결을 돋우네.
가슴엔 듯 눈엔 듯 또 핏줄엔 듯

마음이 도른도른 숨어 있는 곳
내 마음의 어딘 듯 한 편에 끝없는
강물이 흐르네.

〈시문학〉 수록

● 흘러가는 시간 속에서 붙잡고 싶은 기억이 있나요?

참새 _윤동주

가을 지난 마당은 하이얀 종이
참새들이 글씨를 공부하지요.

째액째액 입으로 받아 읽으며
두 발로는 글씨를 연습하지요.

하루종일 글씨를 공부하여도
쨱 자 한 자 밖에는 더 못 쓰는 걸.

《하늘과 바람과 별과 시》 수록

● 작고 평범한 존재가 큰 의미가 되었던 적이 있나요?

들에서 _이장희

먼 숲 위를 밟으며
빗발은 지나갔도다

고운 햇빛은 내리부어
풀잎에 물방울 사랑스럽고
종달새 구슬을 굴리듯 노래불러라

들과 하늘은 서로 비추어
푸른 빛이 바다를 이루었나니
이 속에 숨쉬는 모든 것의 기쁨이여

홀로 밭길을 거니매
맘은 개구리같이 젖어 버리다

〈신민〉 수록

● '자유롭다'는 것은 어떤 의미일까요?

첫 눈 _심훈

눈이 내립니다, 첫눈이 내립니다.
삼승 버선 엎어 신고 사뿟사뿟 내려앉습니다.
논과 들과 초가집 용마루 위에
배꽃처럼 흩어져 송이송이 내려앉습니다.

...

그 눈이 녹습니다, 녹아내립니다.
남몰래 짓는 눈물이 속으로 흘러들듯
내 마음이 뜨거워 그 눈이 녹습니다.
추녀 끝에, 내 가슴 속에, 줄줄이 흘러내립니다.

《그날이 오면》 수록

● 첫눈에 대한 특별한 기억이 있나요?

눈 _윤동주

지난밤에
눈이 소오복이 왔네

지붕이랑
길이랑 밭이랑
추워한다고
덮어주는 이불인가봐

그러기에
추운 겨울에만 나리지

《하늘과 바람과 별과 시》 수록

● 흰 눈으로 뒤덮인 풍경을 보면 어떤 생각이 드나요?

눈은 내리네 _이장희

이 겨울의 아침을
눈은 내리네.

저 눈은 너무 희고
저 눈의 소리 또한 그윽하므로
내 이마를 숙이고 빌까 하노라.

님이여 설운 빛이
그대의 입술을 물들이나니
그대 또한 저 눈을 사랑하는가.

눈은 내리어
우리 함께 빌 때러라.

〈신민〉 수록

● 눈이 내리는 날이면 문득 떠오르는 사람이 있나요?

4장 ──────── 나를 마주하는 시간

약속 _나태주

노랑이 만선滿船된 은행나무 뒤에 숨어
너는 기다리고 있었다.
자꾸만 그 쪽으로 가고파 하는 나를
너는 가만히 웃고 있었다.
은빛 날개 파닥이는 바다를 등에 진 채
……
그러나 너는 끝내 거기 없었다.

《대숲 아래서》 수록

● 약속에 대한 슬픈 기억이 있나요?

산유화 _김소월

산에는 꽃 피네
꽃이 피네
가을 봄 여름 없이
꽃이 피네

산에
산에
피는 꽃은
저만치 혼자서 피어 있네

산에서 우는 작은 새여
꽃이 좋아
산에서
사노라네

산에는 꽃 지네
꽃이 지네
가을 봄 여름 없이
꽃이 지네

〈영대〉 수록

● 꽃이 피고 지는 모습을 보면 어떤 생각이 드나요?

생각하면 부끄러운 _김영랑

생각하면 부끄러운 일이어라
석가나 예수같이 큰일을 하리라고
내 가슴에 불덩이가 타오르던 때
학생이란 피로 싸인 부끄러운 때

《영랑시집》 수록

● 누구에게도 말하지 못한 부끄러운 일이 있나요?

마음의 촛불 _함형수

밤이 되면 밤마다 나의 마음속에 켜지는 조그만 촛불이 있습니다.
어둠 속에서 꺼질 듯 꺼질 듯
나의 외로운 영혼을 받쳐주는
희미한 불빛

...

드디어 밝은 새벽이 찾아올 때
나는 이 촛불을 끄고
나의 두 눈을 감아야 합니다.
눈부신 아침 태양을
그리고 복잡한 아침 거리를 보지 않기 위하여
아 여명을 무서워 떠는
새까만 이 내 눈동자여

함형수 (1916~1945) 중앙불교전문학교 재학 시절 문단에 참여했고, 만주에서 교사로 생활하며 시를 썼다. 생전에 시집을 남기지 못한 채 해방 직후 요절했지만, 짧은 생애 동안 남긴 작품들은 강렬한 정서와 시대의 그림자를 함께 품고 있다.
〈조선일보〉 수록

● 두렵지만 언젠가 이겨내고 싶은 것이 있나요?

추억 _노자영

지나간 옛 자취를
더듬어 가다가
눈을 감고 잠에 빠지면

아, 옛 일은 옛 일은
꿈에 까지 와서
이렇게도 나의 마음을
울려 주는가?

꿈에 놀란 외로움이
눈을 뜨면
새벽 닭이 우는 하늘 저편에
지새던 별이 눈물을 흘린다

《내 혼이 불탈때》 수록

● 눈물나게 아름다웠던 추억이 있나요?

거울 _이상

거울속에는소리가없소
저렇게까지조용한세상은참없을것이오

거울속에도내게귀가있소
내말을못알아듣는딱한귀가두개나있소

거울속의나는왼손잡이오
내악수를받을줄모르는—악수를모르는왼손잡이오

거울때문에나는거울속의나를만져보지를못하는구료마는
거울아니었던들내가어찌거울속의나를만나보기만이라도했겠소

…

이상 (1910~1937) 시인이자 소설가로 자의식 문학의 선구자이자 초현실주의적 시인이다. 억압된 자아와 욕망을 실험적 언어와 형식으로 형상화해 한국 현대시의 새로운 지평을 열었다.

〈가톨릭청년〉 수록

● 나 자신에 대한 평가를 스스로 해 본 적이 있나요?

목마와 숙녀 _박인환

한 잔의 술을 마시고
우리는 버지니아 울프의 생애와
목마를 타고 떠난 숙녀의 옷자락을 이야기한다
목마는 주인을 버리고 거저 방울 소리만 울리며
가을 속으로 떠났다. 술병에서 별이 떨어진다
상심한 별은 내 가슴에 가벼웁게 부서진다
그러한 잠시 내가 알던 소녀는
정원의 초목 옆에서 자라고
문학이 죽고 인생이 죽고
사랑의 진리마저 애증의 그림자를 버릴 때
목마를 탄 사랑의 사람은 보이지 않는다
세월은 가고 오는 것
한때는 고립을 피하여 시들어가고
이제 우리는 작별하여야 한다

…

《박인환 선시집》 수록

● 마주 앉아 진솔한 대화를 나누고 싶은 때는 언제인가요?

고적한 밤 _한용운

하늘에는 달이 없고 땅에는 바람에 없습니다.
사람들은 소리가 없고 나는 마음이 없습니다.

우주는 죽음인가요
인생은 잠인가요

한 가닥은 눈썹에 걸치고 한 가닥은 작은 별에 걸쳤던 님 생각의 금실은 살살살 겁니다.
한 손에는 황금의 탈을 들고 한 손으로 천국의 꽃을 꺾던 환상의 여왕도 그림자를 감추었습니다.
아아 님 생각의 금실과 환상의 여왕이 두 손을 마주 잡고 눈물의 속에서 정사한 줄이야 누가 알아요.

우주는 죽음인가요
인생은 눈물인가요
인생이 눈물이면
죽음은 사랑인가요

《님의 침묵》 수록

● 앞으로 어떤 삶을 살고 싶은가요?

잠을 이루지 못하는 밤 _박인환

넓고 개체 많은 토지에서
나는 더욱 고독하였다.
힘없이 집에 돌아오면 세 사람의 가족이
나를 쳐다보았다.
그러나 나는 차디찬 벽에 붙어 회상에 잠긴다.

전쟁 때문에 나의 재산과 친우가 떠났다.
인간의 이지를 위한 서적 그것은 잿더미가 되고
지난날의 영광도 날아가 버렸다.

…

잠을 이루지 못하는 밤을 위해 시를 읽으면
공백한 종이 위에
그의 부드럽고 원만하던 얼굴이 환상처럼 어린다.

…

《박인환 선시집》 수록

● 당신을 잠 못 들게 하는 고민거리가 무엇인가요?

오늘 _장정심

오늘은 십 년보다 얼마나 더 귀한고
어제도 이별 되고 내일도 모를 일이
그러나 오늘 하루만은 마음 놓고 살려오

《금선》 수록

● 오늘을 한 문장으로 표현해 본다면 무엇일까요?

행복 _박인환

노인은 육지에서 살았다.
하늘을 바라보며 담배를 피우고
시든 풀잎에 앉아
손금도 보았다.
차 한 잔을 마시고
정사한 여자의 이야기를
신문에서 읽을 때
비둘기는 지붕 위에서 훨훨 날았다.
노인은 한숨도 쉬지 않고
더욱 아무것도 바라지 않으며
성서를 외우고 불을 끈다.
그는 행복이라는 것을 말하지 않았다.
그저 고요히 잠드는 것이다.

…

《박인환 선시집》 수록

● 작은 일로 하루 종일 행복했던 기억이 있나요?

떠나가는 배 _박용철

나 두 야 간다.
나의 이 젊은 나이를
눈물로야 보낼 거냐.
나 두 야 가련다.

아늑한 이 항군들 손쉽게야 버릴 거냐.
안개같이 물 어린 눈에도 비치나니
골짜기마다 발에 익은 묏부리 모양
주름살도 눈에 익은 아, 사랑하던 사람들

버리고 가는 이도 못 잊는 마음
쫓겨가는 마음인들 무어 다를 거냐.
돌아다보는 구름에는 바람이 희살 짓는다.
앞 대일 언덕인들 마련이나 있을 거냐.

…

〈시문학〉 수록

● 가장 아쉬움이 많았던 순간은 언제인가요?

황혼 _김현구

…

황혼은 근심과 두려움을 내게로 보냅니다
어수룩한 발 모습이 소리도 없이 걸어와
나는 의지 없는 마음으로 그 뒤를 따라갔습니다
알지도 못하고 사람 그림자도 보이지 않는
어둑한 어느 산 밑 비인 마을을 지나서
모래 위에 물결 고요히 철썩거리는
알 수 없는 저문 바닷가로 따라갔습니다

…

나는 갑자기 쓸쓸하고 두렵고 몸이 떨려
바쁜 걸음으로 집으로 돌아왔습니다
아아 황혼은 내게 근심과 두려움을 보내고
어디로 자취도 없이 가버렸을까요

김현구 (1904~1950) 〈시문학〉 동인으로 등단해 강한 서정성을 기반으로 자연과 인생에서 느낀 감정을 시에 담아낸 시문학파 시인이다.

〈시문학〉 수록

● 인생의 마지막 순간을 어떻게 보내고 싶나요?

지하실 _박인환

…

이미 밤은 기울어져 가고
하늘엔 청춘이 부서져
에메랄드 불빛이 흐른다

겨울의 새벽이여
너에게도 지열地熱과 같은 따스함이 있다면
우리의 이름을 불러라

아직 바람과 같은
속력이 있고
투명한 감각이 좋다

《박인환 선시집》 수록

● '청춘' 하면 떠오르는 대상이나 문장이 있나요?

바둑이는 거짓이 없나니 _조명희

바둑이는 거짓이 없나니
그는 싫은 이를 볼 때 싫다고 짖으며
정든 이를 볼 때 좋다고 가로 뛰나니
바둑이는 이다지도 마음의 거짓이 없나니라.

그러나 인간은 이 어이함인지
미운 이를 볼 때 웃으며 손잡고
귀여운 이를 볼 때 짐짓 빼나니,
바둑아 너는 왜
이 몹쓸 인간을 배반치 않느뇨.

바둑이는 거짓이 없나니라
그러나 이 몹쓸 인간에게는 거짓이 있나니.

조명희 (1894~1938) 낭만주의적 경향을 보이는 시로 시작해 극작가, 소설가로도 활동했다. 1920년대 중반 이후에는 신경향파 작가로 두각을 드러냈으며, 카프(KAPF)의 결성과 함께 프롤레타리아 작가로 활약했다.
〈개벽〉 수록

● 가장 솔직해지는 순간은 언제인가요?

아우의 인상화 _윤동주

붉은 이마에 싸늘한 달이 서리어
아우의 얼굴은 슬픈 그림이다.

발걸음을 멈추어
살그머니 애띤 손을 잡으며

"너는 자라 무엇이 되려니"
"사람이 되지"
아우의 설은 진정코 설은 대답이다.

슬며시 잡았던 손을 놓고
아우의 얼굴을 다시 들여다본다.

싸늘한 달이 붉은 이마에 젖어
아우의 얼굴은 슬픈 그림이다.

《하늘과 바람과 별과 시》 수록

● 누군가의 행복을 진심으로 바랐던 적이 있나요?

독을 차고 _김영랑

내 가슴에 독을 찬 지 오래로다
아직 아무도 해한 일 없는 새로 뽑은 독
벗은 그 무서운 독 그만 흩어버리라 한다
나는 그 독이 선뜻 벗도 해할지 모른다 위협하고

…

아! 내 세상에 태어났음을 원망 않고 보낸
어느 하루가 있었던가, '허무한듸!' 허나
앞뒤로 덤비는 이리 승냥이 바야흐로 내 마음을 노리매
내 산 채 짐승의 밥이 되어 찢기우고 할퀴우라 내맡긴 신세임을

나는 독을 차고 선선히 가리라
마지막 날 내 외로운 혼 건지기 위하여

《영랑시선》 수록

● 인생을 살아갈 때 가장 중요하다고 생각하는 것은 무엇인가요?

새벽 한 시의 시 _박인환

...

천사처럼
나를 매혹시키는 허영의 네온.
너에게는 안구가 없고 정서가 없다.
여기선 인간이 생명을 노래하지 않고
침울한 상념만이 나를 구한다.

바람에 날려온 먼지와 같이
이 이국의 땅에선 나는 하나의 미생물이다.
아니 나는 바람에 날려 와
새벽 한 시 기묘한 의식으로
그래도 좋았던
부식된 과거로
돌아가는 것이다.

《박인환 선시집》 수록

● 세상에 나 혼자 남겨졌다는 생각을 해본 적이 있나요?

오는 봄 _김소월

봄날이 오리라고 생각하면서
쓸쓸한 긴 겨울을 지나 보내라.
오늘 보니 백양의 뻗은 가지에
전에 없이 흰 새가 앉아 울어라.

그러나 눈이 깔린 두던 밑에는
그늘이냐 안개냐 아지랑이냐.
마을들은 곳곳이 움직임 없이
저편 하늘 아래서 평화롭건만.

새들게 지껄이는 까치의 무리.
바다를 바라보며 우는 까마귀.
어디로써 오는지 종경 소리는
젊은 아기 나가는 조곡일러라.

...

〈개벽〉 수록

● 눈물이 날 정도로 행복했던 기억이 있나요?

알 수 없어요 _한용운

바람도 없는 공중에서 수직의 파문을 내이며 고요히 떨어지는 오동잎은 누구의 발자취입니까.
지루한 장마 끝에 서풍이 몰려가는 무서운 검은 구름의 터진 틈으로 언뜻언뜻 보이는 푸른 하늘은 누구의 얼굴입니까.

...

연꽃 같은 발꿈치로 가이없는 바다를 밟고 옥 같은 손으로 끝없는 하늘을 만지면서, 떨어지는 날을 곱게 단장하는 저녁놀은 누구의 시입니까.
타고 남은 재가 다시 기름이 됩니다. 그칠 줄 모르고 타는 나의 가슴은 누구의 밤을 지키는 약한 등불입니까.

《님의 침묵》 수록

● 나를 가장 성장하게 만든 순간은 언제인가요?

5장 ——— 다시 봄이 오는 소리

서시 _윤동주

죽는 날까지 하늘을 우러러
한 점 부끄럼이 없기를,
잎새에 이는 바람에도
나는 괴로워했다.
별을 노래하는 마음으로
모든 죽어가는 것을 사랑해야지.
그리고 나한테 주어진 길을
걸어가야겠다.

오늘 밤에도 별이 바람에 스치운다.

《하늘과 바람과 별과 시》 수록

● 스스로에게 부끄럽지 않으려면 어떻게 살아가야 할까요?

빼앗긴 들에도 봄은 오는가 _이상화

지금은 남의 땅 — 빼앗긴 들에도 봄은 오는가?

나는 온몸에 햇살을 받고
푸른 하늘 푸른 들이 맞붙은 곳으로
가르마 같은 논길을 따라 꿈 속을 가듯 걸어만 간다.

…

나비 제비야 깝치지 마라.
맨드라미 들마꽃에도 인사를 해야지.
아주까리 기름을 바른 이가 지심 매던 그들이라 다 보고 싶다.

…

그러나 지금은 들을 빼앗겨 봄조차 빼앗기겠네.

이상화 (1901~1943) 〈백조〉 동인으로 문단에 등단해 낭만주의적 서정과 사회참여적 문제 의식을 동시에 보여준 시인이다. 개인의 감수성과 일제강점기의 저항 정신을 작품에 녹여냈다.
〈개벽〉 수록

● 힘든 시기에도 희망을 잃지 않게 하는 것은 무엇일까요?

또 다른 고향 _윤동주

고향에 돌아온 날 밤에
내 백골이 따라와 한방에 누웠다.

어둔 방은 우주로 통하고
하늘에선가 소리처럼 바람이 불어온다.

…

지조 높은 개는
밤을 새워 어둠을 짖는다.
어둠을 짖는 개는
나를 쫓는 것일 게다.

가자 가자
쫓기우는 사람처럼 가자
백골 몰래
아름다운 또 다른 고향에 가자.

《하늘과 바람과 별과 시》 수록

● 당신에게 진정한 안식처는 무엇인가요?

청포도 _이육사

내 고장 칠월은
청포도가 익어가는 시절

이 마을 전설이 주저리주저리 열리고
먼 데 하늘이 꿈 꾸며 알알이 들어와 박혀

하늘 밑 푸른 바다가 가슴을 열고
흰 돛단배가 곱게 밀려서 오면

내가 바라는 손님은 고달픈 몸으로
청포를 입고 찾아온다고 했으니

내 그를 맞아 이 포도를 따 먹으면
두 손은 함뿍 적셔도 좋으련

아이야 우리 식탁엔 은쟁반에
하이얀 모시 수건을 마련해 두렴

이육사 (1904~1944) 일제강점기 저항 시인으로 본명은 이원록이다. 아호인 '육사'는 대구형무소 수감 번호인 '264'에서 취함했다. 수차례 옥고를 치르며 조국 독립을 염원했으며, 작품을 통해 실향의 비애와 초인의 의지를 드러냈다.
〈문장〉 수록

● 자연의 순환을 체감하면서 특별한 감정을 느껴본 적이 있나요?

자화상 _윤동주

산모퉁이를 돌아 논가 외딴 우물을 홀로 찾아가선 가만히 들여다봅니다.

우물 속에는 달이 밝고 구름이 흐르고 하늘이 펼치고 파아란 바람이 불고 가을이 있습니다.

그리고 한 사나이가 있습니다.
어쩐지 그 사나이가 미워져 돌아갑니다.

돌아가다 생각하니 그 사나이가 가엾어집니다.
도로 가 들여다보니 사나이는 그대로 있습니다.

 다시 그 사나이가 미워져 돌아갑니다.
돌아가다 생각하니 그 사나이가 그리워집니다.

우물 속에는 달이 밝고 구름이 흐르며 하늘이 펼치고 파아란 바람이 불고 가을이 있고 추억처럼 사나이가 있습니다.

《하늘과 바람과 별과 시》 수록

● 나를 한 문장으로 표현한다면 어떤 사람인가요?

독백 _이상화

나는 살련다 나는 살련다
바른 맘으로 살지 못하면 미쳐서도 살고 말련다
남의 입에서 세상의 입에서
사람 영혼의 목숨까지 끊으려는
비웃음의 쌀이
내 송장의 불쌍스런 그 꼴 위로
소낙비같이 내려 쏟을지라도
짓퍼부을지라도
나는 살련다 내 뜻대로 살련다.

…

〈동아일보〉 수록

● 오직 나만의 방식으로 나아갔던 순간은 언제인가요?

쉽게 씌어진 시 _윤동주

창밖에 밤비가 속살거려
육첩방은 남의 나라,

시인이란 슬픈 천명인 줄 알면서도
한 줄 시를 적어 볼까.

…

인생은 살기 어렵다는데
시가 이렇게 쉽게 씌어지는 것은
부끄러운 일이다.

…

나는 나에게 적은 손을 내밀어
눈물과 위안으로 잡는 최초의 악수.

《하늘과 바람과 별과 시》 수록

● 나 자신을 솔직하게 담은 시를 써볼까요?

꽃 _이육사

동방은 하늘도 다 끝나고
비 한 방울 내리잖는 그 땅에도
오히려 꽃은 빨갛게 피지 않는가
내 목숨을 꾸며 쉬임 없는 날이여

북쪽 툰드라에도 찬 새벽은
눈 속 깊이 꽃 맹아리가 옴작거려
제비 떼 까맣게 날아오길 기다리나니
마침내 저버리지 못할 약속이여!

한바다 복판 용솟음치는 곳
바람결 따라 타오르는 꽃 성에는
나비처럼 취하는 회상의 무리들아
오늘 내 여기서 너를 불러 보노라

〈자유신문〉 수록

● 나에게 가장 큰 울림을 줬던 말이 있나요?

길 _윤동주

잃어버렸습니다.
무얼 어디다 잃었는지 몰라
두 손이 주머니를 더듬어
길게 나아갑니다.

돌과 돌과 돌이 끝없이 연달아
길은 돌담을 끼고 갑니다.

...

돌담을 더듬어 눈물짓다
쳐다보면 하늘은 부끄럽게 푸릅니다.

풀 한 포기 없는 이 길을 걷는 것은
담 저쪽에 내가 남아 있는 까닭이고,

내가 사는 것은, 다만,
잃은 것을 찾는 까닭입니다.

《하늘과 바람과 별과 시》 수록

● 인생에서 가장 잃어버리고 싶지 않은 대상은 무엇일까요?

꽃에 물을 주는 뜻은 _오일도

...

한 포기 작은 꽃에

물 주는 뜻은

한 포기 작은 꽃에

물 주는 뜻은

님의 마음을 아니 어기랴는 탓입니다.

꽃 필 때에는 안 오셨으나

잎 필 때에도 안 오셨으나

열매 맺을 때에야 설마 아니 오실까.

오늘도 나는 뜰에 나가서

물을 줍니다. 꽃에 물을 줍니다.

오일도 (1901~1946) 본명은 오희병으로 '일도'는 아호다. 1935년 순수시 전문 잡지 〈시원〉을 창간하며 본격적인 작품 활동을 시작했다. 자유로운 감정 표출을 중시했으며, 낭만주의를 기반으로 어둡고 암울한 정서를 주로 노래했다.

〈동광〉 수록

● 무언가를 꾸준히 기쁨으로 해낸 경험이 있나요?

참회록 _윤동주

파란 녹이 낀 구리 거울 속에
내 얼굴이 남아 있는 것은
어느 왕조의 유물이기에
이다지도 욕될까.

…

밤이면 밤마다 나의 거울을
손바닥으로 발바닥으로 닦아 보자.

그러면 어느 운석 밑으로 홀로 걸어가는
슬픈 사람의 뒷모양이
거울 속에 나타나 온다.

《하늘과 바람과 별과 시》 수록

● 가장 후회했던 일이 있나요? 그 일이 나를 어떻게 변하게 했나요?

절정 _이육사

매운 계절의 채찍에 갈겨
마침내 북방으로 휩쓸려 오다.

하늘도 그만 지쳐 끝난 고원
서릿발 칼날진 그 위에 서다.

어디다 무릎을 꿇어야 하나
한 발 재겨 디딜 곳조차 없다.

이러매 눈 감아 생각해 볼밖에
겨울은 강철로 된 무지갠가 보다.

〈문장〉 수록

● 절망, 불안, 슬픔, 두려움 등의 감정을 극복한 나만의 노하우가 있나요?

그날이 오면 _심훈

그날이 오면, 그날이 오면은
삼각산이 일어나 더덩실 춤이라도 추고
한강 물이 뒤집혀 용솟음칠 그날이
이 목숨이 끊기기 전에 와 주기만 할 양이면
나는 밤하늘에 날으는 까마귀와 같이
종로의 인경을 머리로 들이받아 올리오리다.
두개골은 깨어져 산산조각이 나도
기뻐서 죽사오매 오히려 무슨 한이 남으오리까.

그날이 와서, 오오 그날이 와서
육조 앞 넓은 길을 울며 뛰며 뒹굴어도
그래도 넘치는 기쁨에 가슴이 미어질 듯하거든
드는 칼로 이 몸의 가죽이라도 벗겨서
커다란 북을 만들어 들쳐 메고는
여러분의 행렬에 앞장을 서오리다.
우렁찬 그 소리를 한 번이라도 듣기만 하면
그 자리에 거꾸러져도 눈을 감겠소.

《그날이 오면》 수록

● 내가 꿈꾸는 미래는 어떤 모습인가요?

새벽이 올 때까지 _윤동주

다들 죽어가는 사람들에게
검은 옷을 입히시오.

다들 살아가는 사람들에게
흰옷을 입히시오.

그리고 한 침대에
가지런히 잠을 재우시오.

다들 울거들랑
젖을 먹이시오.

이제 새벽이 오면
나팔 소리 들려올 거외다.

《하늘과 바람과 별과 시》 수록

● 당신에게 좌절은 어떤 순간에 찾아오나요?

광야 _이육사

까마득한 날에
하늘이 처음 열리고
어데 닭 우는 소리 들렸으랴

모든 산맥들이
바다를 연모해 휘달릴 때도
차마 이곳을 범하던 못하였으리라

…

다시 천고의 뒤에
백마 타고 오는 초인이 있어
이 광야에서 목 놓아 부르게 하리라

〈자유신문〉 수록

● 희망찬 내일을 위해 지금 당장 할 수 있는 소소한 일은 무엇일까요?

십자가 _윤동주

쫓아오던 햇빛인데
지금 교회당 꼭대기
십자가에 걸리었습니다.

첨탑이 저렇게도 높은데
어떻게 올라갈 수 있을까요.

종소리도 들려오지 않는데
휘파람이나 불며 서성거리다가,

괴로웠던 사나이
행복한 예수 그리스도에게처럼
십자가가 허락된다면

모가지를 드리우고
꽃처럼 피어나는 피를
어두워 가는 하늘 밑에
조용히 흘리겠습니다.

《하늘과 바람과 별과 시》 수록

● 지금 가장 나를 힘들게 하는 일은 무엇인가요?

님의 침묵 _한용운

님은 갔습니다. 아아 사랑하는 나의 님은 갔습니다.
푸른 산빛을 깨치고 단풍나무 숲을 향하여 난 작은 길을 걸어서 차마 떨치고 갔습니다.
황금의 꽃같이 굳고 빛나던 옛 맹세는 차디찬 티끌이 되어서 한숨의 미풍에 날아갔습니다.

…

우리는 만날 때에 떠날 것을 염려하는 것과 같이 떠날 때에 다시 만날 것을 믿습니다.
아아 님은 갔지마는 나는 님을 보내지 아니하였습니다.
제 곡조를 못 이기는 사랑의 노래는 님의 침묵을 휩싸고 돕니다.

《님의 침묵》 수록

● 말하지 않아도 진심이 느껴지는 순간이 있나요?

눈감고 간다 _윤동주

태양을 사모하는 아이들아
별을 사랑하는 아이들아

밤이 어두웠는데
눈감고 가거라.

가진 바 씨앗을
뿌리면서 가거라.

발부리에 돌이 차이거든
감았던 눈을 와짝 떠라.

《하늘과 바람과 별과 시》 수록

● 어디로 가야 할지 알 수 없을 때 믿고 따라갈 수 있는 사람이 있나요?

바다로 가자 _김영랑

…

우리 큰 배 타고 떠나가자꾸나
창랑을 헤치고 태풍을 걷어차고
하늘과 맞닿은 저 수평선 뚫으리라
큰 호통하고 떠나가자꾸나
바다 없는 항구에 사로잡힌 마음들아
툭 털고 일어서자 바다가 네 집이라

우리들 사슬 벗은 넋이로다 풀어놓인 겨레로다
가슴엔 잔뜩 별을 안으렴아
손에 잡히는 엄마별 아기별
머리 위엔 그득 보배를 이고 오렴
발 아래 쫙 깔린 산호요 진주라
바다로 가자 우리 큰 바다로 가자

《영랑시선》 수록

● 힘든 순간 나에게 가장 힘을 주는 말은 무엇인가요?

새로운 길 _윤동주

내를 건너서 숲으로
고개를 넘어서 마을로

어제도 가고 오늘도 갈
나의 길 새로운 길

민들레가 피고 까치가 날고
아가씨가 지나고 바람이 일고

나의 길은 언제나 새로운 길
오늘도…… 내일도……

내를 건너서 숲으로
고개를 넘어서 마을로

《하늘과 바람과 별과 시》 수록

● 새로운 나를 발견할 때는 언제인가요?

쓰면서 채우는 마음 필사_한국 시 100

초판 1쇄 인쇄 2025년 10월 31일
초판 1쇄 발행 2025년 11월 21일

지은이   나태주, 윤동주, 한용운, 김소월, 김영랑, 정지용 외

펴낸이   심정섭
편집장   정효진
편 집   이지은
디자인   반짝공
마케팅   안영배 장동철 김호현 신재철
제 작   정수호

펴낸곳   (주)서울문화사
등록일   1988년 12월 16일 | 등록번호 제2-484호
주 소   서울특별시 용산구 한강대로 43길 5
편집문의 02-791-0795
구입문의 02-791-0708
메   일   book@seoulmedia.co.kr

ISBN 979-11-7371-903-5 (03800)

· 책값은 뒤표지에 있습니다.
· 잘못된 책은 구입처에서 교환해 드립니다.
· 저작권법에 보호를 받는 저작물이므로 무단전재와 무단복제를 금지합니다.